Rose Höfflin

Ohne Pampers und Waschmaschine

Das Leben einer Mutter oder:
Was Glaube in einer Großfamilie bewirkt

Rose Höfflin

Ohne Pampers & Waschmaschine

Das Leben einer Mutter
oder: Was Glaube in einer
Großfamilie bewirkt

Bildnachweis:
Fotos aus privatem Archiv

Impressum

Höfflin, Rose
Ohne Pampers und Waschmaschine
Das Leben einer Mutter oder:
Was Glaube in einer Großfamilie bewirkt

ISBN-13 978-3-89436-544-8

Satz: CV Dillenburg
Umschlaggestaltung: Sven Gerhardt, Bad Endbach
Druck: Ebner & Spiegel, Ulm

Printed in Germany

Inhalt

Vorwort

Es liegt mir schon einige Jahre am Herzen, das Leben unserer Mutter zu Papier zu bringen. Es zeigt uns einen im Alltag vorbildlich gelebten Glauben. Das soll nicht in Vergessenheit geraten, sondern alle ihre 16 Kinder, 32 Enkelkinder und alle, die sie kennen oder auch nicht, sollen erfahren können, wie sich Glauben und Vertrauen auf Gott leben lässt. Über 40 Jahre habe ich meine Mutter erlebt und heute muss ich staunen, wenn ich auf ihr selbstloses Leben zurückschaue – auf die Hingabe und Ausdauer, mit der sie uns Kindern und anderen Menschen um sie herum gedient hat.

Nachdem sie 17 Kinder großgezogen - eine Waschmaschine hatte sie erst ab dem siebten Kind –, einen zeitweise kranken Mann gepflegt, ihre Eltern und den Schwiegervater die letzte Zeit ihres Lebens versorgt hatte, bekam ihr Mann plötzlich eine Hirnblutung. Das bedeutete weiteren Dienst an ihrem Mann Georg. Rund 50 Jahre durfte sie anderen Menschen dienen, war nie im Urlaub, hat nie über Kopf- oder sonstige Schmerzen geklagt, lag nie krank im Bett – welche Gnade.

Sie war im ganzen Dorf geehrt und geschätzt, obwohl die Gläubigen in ihrer Heimat Rumänien allgemein verachtet und verspottet wurden.

Mein Anliegen ist es weniger, meine Mutter ins Rampenlicht zu stellen, als vielmehr den Glauben an Jesus Christus und seine Auswirkung auf uns und andere.

Am Leben unserer Mutter zeigt sich, wie der Glaube an Jesus Christus befähigt:

- einen Menschen zu heiraten, der nach menschlicher Beurteilung unbeständig und flatterhaft war. Ihm sein ganzes Leben gegen die Ratschläge anderer anzuvertrauen.
- aus einer geschlossenen Dorfgemeinschaft, die sehr von traditionellem Kirchenleben geprägt war, auszutreten. Sich Hass und Verachtung auszuliefern, auch gerade von der eigenen Familie, und das Leben in Ehe und Familie ganz nach der Bibel auszurichten. Als Sektierer verspottet zu werden, sich zu einem kleinen Kreis alter Männer und Frauen zu gesellen, die anders waren als das ganze Dorf. Sämtliche Traditionen und Bräuche kirchlicher und gesellschaftlicher Art aufzugeben, inklusive Kindertaufe, was bisher so gut wie nie passiert war.
- das ganze Leben an den Herrn Jesus auszuliefern. Ohne jeglichen religiösen Druck zu sagen, ich möchte jedes Kind auch im Glauben als Geschenk vom Herrn annehmen. Beide Ehepartner wussten durchaus über Verhütungsmethoden Bescheid. Es waren Zeiten, die viel körperliche Arbeit abverlangten, um allen Herausforderungen gerecht zu werden.
- ein Leben der Hilfsbereitschaft, Tüchtigkeit, Fröhlichkeit, Hoffnung und Freude zu leben, das in einem ungewohnten Ausmaß die Menschen um sie herum beeindruckte. Soweit ich mich erinnere, kamen zuerst die nächsten Nachbarinnen in die Versammlung. In der Regel folgten nach einigen Jahren Widerstand auch ihre Männer. So wurde der Kreis immer größer, so dass bis zur Auswanderung eine relativ große Versammlung am Ort war.
- eine 18-köpfige Familie in ein fremdes Land zu verpflanzen – mit Gefahren und Verführungen verschiedenster Art.

- schließlich die Kinder in ihre Selbstständigkeit – besonders auf geistlicher Ebene – zu entlassen; freizugeben, was man sowieso nicht halten kann, sich von Gewohnheiten, Ansichten und Prägung, die man als richtig und wichtig erachtet, zu trennen.

Es war für mich als Beobachter des ganzen inneren Kampfes meiner Eltern für die Erziehung unserer eigenen Kinder von großem Nutzen, zu sehen und zu erfahren, dass ein Mensch zur wahren Ruhe nach Hebräer 4 kommen kann. Seither genieße ich und auch bestimmt viele andere das gelassene, vom Glauben geprägte Leben meiner Eltern. Ich weise immer wieder Familien, die in Nöten mit den Kindern sind, gerne auf meine Eltern hin, weil ich genau weiß, es gibt einen Weg heraus aus solchen seelisch-geistlichen Qualen, der heißt »der Weg des Glaubens«.

Wir können Gott mit nichts Größerem ehren oder dienen, als mit unserem völligen Vertrauen und Glauben an ihn.

Möge Gott durch dieses Buch so manchem Leser Hoffnung, Mut, Vertrauen und Glauben mehren.

Hans Krampulz

Ein paar Worte vorab ...

20. April – ein Mädchen wird im siebten Schwangerschaftsmonat geboren. Es ist winzig klein und friert, wiegt kaum 1900 Gramm und ist viel zu schwach, um selbstständig zu trinken. Kein Problem denke ich, dafür gibt es Säuglingsintensivstationen, Brutkästen und Sondennahrung. Dann erfahre ich das Geburtsjahr des Mädchens – 1938. Schlagartig wird mir bewusst, dass es diese Errungenschaften der modernen Medizin damals noch gar nicht gab. Die Überlebenschancen standen schlecht, sehr schlecht für das kleine Mädchen, das gerade in Rumänien geboren worden war. Dass es überlebt hat, grenzt an ein Wunder. Dass das Mädchen, Riesken, später selbst 18 Kinder in einem Land geboren hat, in dem die Umstände sehr schwierig waren und der Alltag eine ganz besondere Herausforderung darstellte, schien mir nahezu unbegreiflich.

Im Frühjahr 2005 nahm das vierte Kind von Riesken, Hans Krampulz, erstmals Kontakt zu mir auf und fragte mich, ob ich bereit wäre, die Biographie seiner Mutter zu schreiben. Anfangs reagierte ich zögerlich, schließlich hatte ich noch nie eine Biographie geschrieben. Außerdem kannte ich die Frau, um die es ging, überhaupt nicht.

Dann traf ich Riesken im Sommer 2005 das erste Mal. Vor mir stand eine jung gebliebene Mitt-Sechzigerin mit unbeschreiblicher Ausstrahlung, warmherzig und offen. Sie bat mich ins Wohnzimmer, wir setzten uns und Riesken erzählte mir aus ihrem bewegten Leben. Ich hörte zu, machte mir gelegentlich Notizen und vergaß das Hier und Jetzt, so beeindruckte und fesselte mich ihre Lebensgeschichte. Ich ahnte damals schon, dass mir ihre Erlebnisse noch oft Mut machen würden, Gott so zu vertrauen, wie sie es getan hat. Anderen Menschen Mut zu kompromisslosem Vertrauen auf Gott zu machen, war der einzige Grund, der Riesken veranlasste, ihre Lebensgeschichte zu erzählen und sie durch dieses Buch der Öffentlichkeit zugänglich zu machen. Ich empfinde es als Privileg, dass ich diese Gesichte aufschreiben durfte.

Sommer 2006, Rose Höfflin

Rieskens Geburt

Rumänien, Siebenbürgen, Bezirk Alba, Kelling, 20. April 1938:

Vermutlich wäre Rosina Beckert an jenem Tag am liebsten gestorben. Sie lag in den Wehen, und das schon seit vielen Stunden. Rosina und Michael Beckert erwarteten ihr erstes Kind. Es war eine Hausgeburt, wie damals üblich. Kelling, das kleine Dorf in Siebenbürgen, hatte eine eigene Hebamme. Auch Frau Pfarrer diente als Anlaufstelle in allen Krankheitsfällen und bei Geburten. Sie leistete Hilfe und Pflege, wo es nötig war, und half oft mit ihrem Wissen und guten Ratschlägen weiter. So war auch an jenem Tag die Pfarrfrau dabei, als Rosina ihre Erstgeborene zur Welt brachte. Rosina war erst im 7. Schwangerschaftsmonat, als ihr Baby sich auf den Weg in die Welt machte. Obwohl es ein winziges Mädchen war, gestaltete sich die Geburt schwierig. Umso mehr waren alle erleichtert, als das Baby endlich da war. Rosina und Michael nannten ihre Tochter ebenfalls Rosina, denn es war Tradition, die Erstgeborenen nach den Eltern zu benennen. Schon vom ersten Tag an bekam Rosina den Kosenamen »Riesken« (Röschen).

Mit dem Eintritt Rieskens in die Welt begannen die Sorgen der Eltern erst richtig. Das kleine Mädchen wog nur knapp 1900 Gramm und war viel zu schwach, um aus eigener Kraft zu trinken. Die Pfarrfrau legte Riesken in ein Bettchen, rechts und links neben das Mädchen wurden mit heißem Wasser gefüllte Trinkflaschen gelegt, um den Winzling warm zu halten. Die Ernährung gestaltete sich schwieriger und bedurfte der Hilfe von Mutter und Vater. Die Mutter legte den Säugling an ihre

Brust und hielt ihn dort fest, während der Vater vorsichtig die Brust massierte und versuchte, Milch herauszudrücken. Wenn Riesken auf diese Weise zwei Schlucke Milch trank, waren die Eltern glücklich. Die Pfarrfrau ermutigte sie und versicherte ihnen, die Hauptsache sei, dass das Mädchen trinke, wenn auch nur schluckweise. So überlebte das Frühchen und entwickelte sich prächtig. Nach etlichen Monaten war nicht mehr zu erkennen, dass Riesken viel zu früh zur Welt gekommen war.

Kinder- und Jugendjahre

Zusammen mit ihrer jüngeren Schwester Maria wuchs Riesken in ihrem Elternhaus in Kelling auf. Zur Eigenversorgung betrieben die Eltern eine kleine Landwirtschaft. Ihr Vater Michael, der ein Waisenkind und ohne Ausbildung war, besaß großes handwerkliches Geschick. Die Schreinerei hatte es ihm besonders angetan, er brachte sich alle nötigen Kenntnisse selbst bei und war bald ein gefragter Fachmann.

Als Riesken die Ausbildung zur Krankenschwester beginnen sollte, sah sich ihr Vater nach einer Arbeit beim Staat um, denn die Familien staatlicher Arbeiter waren von der Zahlung des Schulgeldes befreit. Michael Beckert fand eine staatliche Anstellung als Schreiner. Er war sehr froh über die feste Arbeit, vor allem als 1947 nach dem 2. Weltkrieg alle Deutschen enteignet wurden. Auch Familie Beckert wurde aller Grundbesitz mitsamt dem Vieh weggenommen und unter den rumänischen Landesbewohnern verteilt.

Riesken und ihre Schwester wurden christlich erzogen, die Familie ging regelmäßig zur Kirche und pflegte die traditionellen christlichen Werte. Abends sprach die Mutter ein »Gute-Nacht-Gebet« mit ihren Töchtern. Eine persönliche Beziehung zu Jesus kannte die Familie nicht.

Nach den damals üblichen sieben Schuljahren verließ Riesken mit 14 Jahren erstmals ihr Elternhaus und ging nach Hermannstadt (heute Sibiu), um dort von 1952 bis 1956 eine vierjährige Ausbildung zur Krankenschwester zu machen. Danach arbeitet sie ein Jahr als Krankenschwester auf der Erste-Hilfe-Station des Stahlhüttenwerkes Eisenstadt.

Im Haus gegenüber wohnte Familie Krampulz, Johann und Rosina (ein verbreiteter Name unter den Siebenbürgern) mit den Söhnen Hans und Georg. Die Nachbarjungen waren 10 und 6 Jahre älter als Riesken und deshalb als Spielkameraden nicht besonders gut geeignet. Als Hans Krampulz 9 und sein Bruder Georg 5 Jahre alt waren, starb ihre Mutter Rosina im Alter von 29 Jahren an Lungentuberkulose. Auf dem Krankenlager hatte sich Rosina viele Gedanken um ihre bald mutterlosen Kinder gemacht. Deshalb bat sie ihren Mann, ihre etwa 40-jährige Schwester zu heiraten. Noch auf dem Sterbebett nahm Rosina ihrem Mann Johann dieses Versprechen ab. Und so heiratete Johann nach dem Tod seiner Frau Rosina deren ältere Schwester.

Mit der Kirche hatte die gesamte Familie »nichts am Hut«. Ganz im Gegenteil. Als Jugendlicher beschäftigte sich Georg mit okkulten Dingen. Er war ein aufgeweckter und auch unsteter junger Mann, der keine großen Ansprüche an die Moral stellte. Georg weckte nicht gerade Sympathie bei seiner jungen Nachbarin Riesken Beckert. Wie hätte sie auch ahnen können, dass dieser Bursche einmal ihr Ehemann werden würde.

Als Georg älter wurde und ihm die Sinnlosigkeit

seines Lebenswandels immer deutlicher wurde, überkam ihn eine große Unruhe. Er begann nach Frieden und Sinn zu suchen. So holte Georg die Familienbibel hervor und begann, darin zu lesen. Er suchte auch verschiedene Pfarrer auf, um mit ihnen über seine Fragen und Zweifel zu sprechen. Schließlich riet ihm einer von ihnen, Theologie zu studieren. Doch so weit sollte es nicht kommen. An seinem 25. Geburtstag brach Georg ohne jegliche Vorwarnung zusammen und war völlig desorientiert. Er wusste weder wie er hieß, noch wo er sich befand. Dieser Zustand dauerte zwei Tage an. Innerlich focht er schreckliche Kämpfe aus. Es war ihm, als würde er zerrissen. In seiner Verzweiflung las er in der Bibel. Dann wollte Georg beten, doch seine Finger versteiften sich plötzlich, und er war unfähig, die Hände zu falten. Auch konnte er sich nicht einen Satz merken, den er Gott sagen wollte. Es war, als wollten die Mächte der Finsternis Georg mit allen Mitteln festhalten. Als der Krampf in seinen Händen sich löste, schrieb er alles auf, was er Gott im Gebet sagen wollte. Dann sagte Georg sich von den finsteren Mächten los und lieferte Jesus sein Leben aus, komplett und mit allen Konsequenzen.

Von seiner Familie verstand niemand, was in ihm vorging. Sein Vater war nur froh, dass Georg wieder »normal« und bei Verstand war.

Georg besuchte später eine landwirtschaftliche Schule und begann im Anschluss an seine Ausbildung als Agrarwirt ein Studium der Veterinärmedizin. Bedingt durch die besonderen Umstände nach dem zweiten Weltkrieg, konnte er sein Studium dann nicht fortsetzen. Er wurde als Tierzüchter auf einer Kolchosefarm eingestellt, wo er den Bauern Unterricht in Viehzucht erteilte, für Bestellung, Qualität und Lagerung des Futters zuständig war und dem Tierarzt assistierte.

Heirat

Riesken hatte den Sinneswandel ihres um 6 Jahre älteren Nachbarn Georg Krampulz wohl bemerkt. Durch die direkte Nachbarschaft waren die Familien Beckert und Krampulz stets über das Alltagsgeschehen im Nachbarhaus informiert. Riesken wusste genau, dass sie niemals so einen »Lebemann«, wie es ihr Nachbar Georg vor seiner Bekehrung war, als Freund haben wollte.

Dann kam Georgs 25. Geburtstag und mit ihm der Zusammenbruch, den auch Beckerts mitbekamen. Auffällig waren auch die Veränderungen in seinem Leben, nachdem er sich bekehrt hatte. Aus dem ruhelosen und selbstbezogenen Georg wurde ein verantwortungsbewusster und gottesfürchtiger junger Mann. Die Veränderung vollzog sich nicht von heute auf morgen, doch es blieb Riesken nicht verborgen, dass Georg sich ernsthaft um einen neuen Lebensstil bemühte.

Georg hatte nun ein Auge auf die 19-jährige Nachbarin Riesken Beckert geworfen. Er traf sich häufig mit ihr, und die Veränderung in seinem Leben wurde oft zum Gesprächsthema der beiden. So erfuhr Riesken erstmals, dass Gott, von dem sie nur von den regelmäßigen Kirchgängen her etwas wusste, eine persönliche Beziehung zu den Menschen sucht. Riesken dachte viel über Georgs Worte nach, und die Wandlung die sie bei ihm sah, unterstrich glaubhaft das, was er sagte. Die beiden freundeten sich bald an und nach einem Monat übergab auch Riesken ihr Leben Jesus Christus. Nach weiteren sechs Monaten – im Jahre 1957 – heirateten Georg Krampulz und Riesken Beckert.

Familiengründung

Das junge Ehepaar zog nach der Hochzeit bei Rieskens Eltern ein. In den folgenden zwei Jahren bauten sich die beiden mit der Unterstützung ihrer Eltern und vieler hilfsbereiter Freunde ein eigenes, kleines Häuschen. Es bestand aus zwei Zimmern, einer Küche und einem Stall, der Platz für zwei Kühe, ein paar Schweine, Hühner, Schafe, Enten und Gänse bot. Die Tiere und der Garten waren für die Selbstversorgung im wahrsten Sinn des Wortes lebenswichtig. Außer Mehl, Zucker und einigen anderen Sachen bauten die Bewohner Kellings alle Lebensmittel selbst an bzw. produzierten sie. Zum einen hatten die Bauernfamilien kaum Geld, zum anderen konnte man in der Gegend vieles, was man brauchte, auch gar nicht kaufen.

Der neugefundene, lebendige Glaube an einen persönlichen Gott erfüllte Georg und Riesken so sehr, dass sie dieses Glück unbedingt mit ihren Nächsten teilen wollten. In ihrem Eifer versuchten sie, Rieskens Eltern und Georgs Vater mit »langen Predigten« zu überzeugen.

Rieskens Schwiegervater hielt sie für fanatisch und verbat sich ihre »Predigten«. Auch Rieskens Eltern fühlten sich »totgepredigt«. Zum Glück sahen Riesken und Georg das bald ein und hörten auf, ihren Glauben der Familie aufzudrängen. Nach einiger Zeit begannen die Eltern dann von selbst, Fragen zu stellen und kamen schließlich auch zum persönlichen Glauben an Jesus Christus. Da war die Freude im Hause Krampulz groß.

1958 kam Georgs und Rieskens erste Tochter, Riesken, zur Welt. Im Jahr darauf folgte ihr Bruder Georg.

Mit beiden Kindern lebten Georg und Riesken dann in ihrem eigenen Häuschen. Riesken gab ihre Arbeit als Krankenschwester auf, um ganz für die Kinder da zu sein. Georg sorgte mit seiner Arbeit auf der nur 200 Meter entfernten Kolchosefarm für das Familieneinkommen. Für seine Tätigkeit auf der Farm (den Bauern Unterricht in Zuchtangelegenheiten erteilen, Betreuung der Tiere, Einteilen und Bestellen von Futter) wurde er mit Naturalien entlohnt, größtenteils Korn. Für seine medizinische Arbeit als Tierarztassistent (Medikamente verabreichen, Tiere kastrieren und kleinere Eingriffe vornehmen) bekam er Geld.

Im Laufe der Jahre, als sich noch mehr Kinder in der Familie einstellten, wurde das Häuschen um einen Anbau von zwei Zimmern und einem kleinen Bad erweitert.

Hans

In Kelling, dem Wohnort der Familie Krampulz, war kein Krankenhaus. Deshalb gab es im Dorf ein Haus, in dem ein Gebärzimmer eingerichtet war. Viele Familien hatten nämlich nur so kleine Häuser, dass gar kein Raum für eine Geburt gewesen wäre und man die anderen Kinder so lange auf die Straße hätte schicken müssen. In diesem »Gebärzimmer« brachte Riesken 1960 ihr drittes Kind, Maria, zur Welt. Im September 1961 folgte Hans, der zweite Sohn. Dieser Tag ist Riesken in lebhafter Erinnerung geblieben:

»Es war vier Wochen vor dem errechneten Geburtstermin. Ich bin wie so oft um 4.00 Uhr morgens aufgestanden, um die Wäsche zu waschen. Danach haben wir gefrühstückt und dann ging's für den Rest des Tages aufs Feld zur Weinlese. Am frühen Abend spürte ich die ersten Wehen. Ich schickte jemanden, um die Hebamme zu holen. Meine Schwägerin begleitete mich in das Haus mit Gebärzimmer. Die Hebamme kam, untersuchte mich und meinte, dass das Kind noch an diesem Tag zur Welt kommen würde. Ich fragte mich entsetzt, woher ich nach so einem langen und anstrengenden Tag die Kraft für eine Entbindung nehmen sollte. Doch das Kind fragte nicht danach. Die Hebamme ging nochmals weg. Als es dunkler wurde, wollte meine Schwägerin das Licht anmachen. Aber das Licht war kaputt. Egal wie oft sie am Schalter drehte, es blieb dunkel. Meine Schwägerin informierte einen Elektriker, der kam und am Licht herumbastelte. Draußen ging die Dämmerung langsam in die Nacht über. Ich bekam Presswehen und meine Schwägerin flehte mich an, bloß nicht zu pressen, solange wir kein Licht hatten und die Hebamme noch nicht da war. Schließlich gab der Elektriker seine erfolglosen Bemühungen auf. Gerade noch rechtzeitig, sodass ich aus meinen Kleidern schlüpfen konnte, denn mein Kind bahnte sich bereits den Weg in die unwirtliche Welt. Glücklicherweise kam kurz danach die Hebamme mit einer Sturmlaterne, sonst hätten wir die Nabelschnur wegen der Dunkelheit nicht durchtrennen können.

So abenteuerlich kam unser Hans zur Welt, und Gott sei Dank, ist alles gutgegangen.«

Kindersegen und Kinderpflege

Zu den vier Geschwistern gesellten sich im Dezember 1962 Sara und im Januar 1964 Michael hinzu, benannt nach Rieskens Vater. Beide Kinder kamen ebenfalls in Kelling zur Welt. Erst 1969 wurde ein Gesetz erlassen, das alle Geburten in einem Krankenhaus vorschrieb. Bis dahin wurden Georg und Riesken Krampulz im Juli 1965 noch Hanna und im November 1966 Samuel geschenkt.

Die junge Familie lebte in ihrem kleinen bescheidenen Häuschen ohne Zentralheizung und viele andere Annehmlichkeiten, die für uns heute längst selbstverständlich geworden sind. Erst nach der Geburt von Samuel 1966 hatte Riesken eine Waschmaschine, bis dahin bewältigte sie die Wäscheberge ihrer 10-köpfigen Familie von Hand.

Riesken war eine geschickte und kluge Frau, die schnell ein System gefunden hatte, die viele Arbeit zu bewältigen. So weichte sie abends, wenn die Kinder in ihren Betten lagen und schliefen, die schmutzigen Kleidungsstücke in Regenwasser ein, da das Brunnenwasser zu hart und Waschmittel oder Weichspüler damals in Siebenbürgen noch unbekannt waren. Riesken wusch die Kleider nach dem Einweichen mit Seife, hing sie auf und am nächsten Tag konnten die Kinder die frisch gewaschenen und getrockneten Kleidungsstücke wieder anziehen. Auf diese Weise vermied Riesken die Ansammlung riesiger Wäscheberge, die zu waschen sie weder die Zeit noch die Kraft gehabt hätte.

Auch gab es zu jener Zeit noch keine Stoffwindeln zu kaufen, geschweige denn Einwegwindeln. So nähte

Riesken Mullwindeln, die sie dann absteppte, um sie »dichter« zu machen. Sie versuchte, ihre Kinder bereits im Alter von 6 Monaten an das Töpfchen zu gewöhnen, denn 3 Jahre langes Windelnwaschen pro Kind wäre »arbeitstechnisch« nicht machbar gewesen. Wenn ein Kind in die Hose machte, waren immer gleich 3 Höschen nass (Unterhöschen, Strumpfhose, Hose). Multipliziert man die Wäschestücke mit der Anzahl der Kinder, wird einem die Notwendigkeit des Trockenwerdens im frühsten Kleinkindalter bald bewusst.

Georg und Rosina Krampulz Ende der 60-er Jahre mit bis dahin 7 Kindern; hinten Mitte: Rosina Beckert

Da es ebenfalls keine Babykleidung zu kaufen gab, musste die auch in Eigenarbeit hergestellt werden. Aus dem Fell ihrer hofeigenen Schafe machte Riesken Wolle und strickte daraus oft bis tief in die Nacht für ihre Babys Mützchen, Socken und Strampler. Auch Kinderkleidung war schwer zu bekommen, man trug Selbstgenähtes oder das, was man von anderen bekommen hatte. Die Kleinen haben die Kleider der Großen aufgetragen. Im Sommer gingen die Kinder meist barfuß, im Winter war es wichtig, dass die schulpflichtigen Kinder Schuhe hatten. Um 6.00 Uhr stand Riesken auf, besorgte den Stall und richtete danach die Kinder für die Schule her. Anschließend gab es ein gemeinsames Frühstück, das aus Marmeladenbrot und Milch bestand. Keines ihrer Kinder ging jemals mit schmutzigen oder zerrissenen Kleidern zur Schule. Oft stand Riesken sehr früh auf, um noch ein Loch zu stopfen oder ein Kleidungsstück auszubessern. Erst 1970, nach der Flutkatastrophe, besserte sich die Lage, denn die Familie wurde mit vielen Hilfsgütern reich beschenkt und versorgt.

Natürlich halfen alle Kinder mit, sobald sie dazu in der Lage waren. Riesken erzählt: »Unsere Älteste war wie eine ›Kommandantin‹ und hat die Arbeit ein- und zugeteilt. So ereilte unsere Hanna das Schicksal, die familieneigene Schuhputzerin zu sein.«

Familienalltag

Die Küche mit dem Holzherd war der Mittelpunkt des Hauses, dort spielte sich das Leben ab. Das Brennholz musste gekauft werden. Die Öfen in den Schlafzimmern wurden mit gestampftem Sägemehl beheizt. Das Zusammenstampfen des Sägemehls übernahm Riesken. Später hatte die Familie für »Notfälle«, wenn besondere Eile gefragt war, einen zwei-flammigen Gasherd im Flur stehen. Doch da Gas schwer zu bekommen war – dies war abhängig von der jeweiligen Liefersituation –, wurde der Herd nur selten benutzt.

Da die Familie weder Kühlschrank noch Tiefkühltruhe besaß, konnte Riesken Vorräte nur durch Räuchern oder Einkochen haltbar machen. So lebte die Familie in dem Rhythmus, den die Natur vorgab. Im Herbst war Einmachzeit, da konnte es sein, dass Riesken aus Früchten bis zu 200 Liter Marmelade einkochte, die dann ein Jahr lang reichte. Marmelade gehörte bei Familie Krampulz zu den Hauptnahrungsmitteln. Auch Äpfel, Pflaumen, Rhabarber und Birnen wurden geerntet und eingekocht. Hagebutten kaufte man von den Zigeunern und machte sie für die langen Wintermonate ein. Gurken und Sauerkraut wurden eingelegt, und aus Tomaten wurde bis zu 80 Liter Tomatenmark hergestellt. So konnten Georg und Rosina durch ihrer Hände Arbeit und das Gelingen, das Gott schenkte, ihre Kinder ernähren.

Jeden Morgen und Abend aß die Familie Marmeladenbrot und trank Milch dazu. Kaffee gab es damals in Rumänien nicht. Oft gab es auch nur in Milch eingebrocktes Brot. Mittags aß man, was Haus und Hof hergaben: Suppe, Kartoffeln, Gemüse oder Fleisch, wenn man gerade ein Schwein oder Huhn geschlachtet hatte. Schlachten war wegen der fehlenden Kühlmöglichkeit nur im Herbst und Winter möglich. Manchmal hat Riesken das Fleisch auch gesalzen und im Ofen getrocknet, um es haltbarer zu machen. Im Sommer aß man eben Hühnchen. Reis und Gries gab es im Laden zu kaufen, so kochte Riesken viele süße Aufläufe. Für die Sonntage buk sie süße Schnitten auf einem Blech, die es dann nach dem Mittagessen gab und auf die sich die Familie schon die ganze Woche freute. Das Brot machte Riesken in den ersten sieben Ehejahren selbst. Später kaufte sie es dann beim Bäcker. Süßigkeiten gab es nur sehr wenig und bis 1970 keine Schokolade zu kaufen. »Doch hungern mussten wir nie«, versicherte Riesken mir.

Das Wasser zum Kochen, Waschen und Putzen musste mit einem Eimer aus dem Brunnen im Hof geschöpft werden. Die Kinder wurden in der Küche in einem großen Holzzuber gebadet, den Rieskens Vater gemacht hatte. Erst ab 1978, also nachdem Rahel, das 17. Kind geboren war, gab es eine Wasserleitung und Toiletten im Haus.

Auf mein ungläubiges Staunen, als ich mir vorzustellen versuche, wie man so viele Kinder in einem Haus ohne fließendes Wasser und Badezimmer versorgen kann, sieht mich Riesken nur ruhig an und sagt: »Gott hat mir ganz viel Kraft und Gesundheit geschenkt, damit ich das alles bewältigen konnte. Die Freude am Herrn war meine Stärke.«

Hanna

Es war im Sommer 1965 als Riesken ihr siebtes Kind erwartete. Es war heiß, Riesken war hochschwanger und obendrein gab es zu dieser Jahreszeit auf dem Feld sehr viel zu tun. Auch der Gemüsegarten musste nebenher noch besorgt werden. Michael, der Jüngste der Geschwister, war gerade mal 18 Monate alt und trippelte Riesken auf Schritt und Tritt hinterher. Zum Glück war Riesken junior schon 7 Jahre alt und eine große Hilfe. Selbstverständlich kümmerte sie sich um ihren kleinen Bruder und nahm der Mutter viele kleinere Aufgaben ab. Sie war flink und emsig wie ein Wieselchen.

Am 4. Juli war es dann soweit, Hanna wurde geboren. Es war kurz nach der Geburt, als Rieskens Bein plötzlich zu schmerzen begann. Der Schmerz verschlimmerte sich von Tag zu Tag. Dann bemerkte sie die Venenentzündung in ihrer rechten Wade. Riesken zeigte die schmerzende Wade der Hebamme, als diese zu einem kurzen Besuch im Haus war. Die Hebamme schlug entsetzt die Hände über dem Kopf zusammen und verordnete Riesken strikte Bettruhe, ansonsten müsse man »bis hin zum Tod mit allem rechnen«. Sie hatte es nur gut gemeint und sicher nicht unrecht gehabt, das wusste Riesken als Krankenschwester. Doch wie sollte sie diesen guten Rat in die Tat umsetzen? Es waren außer der neugeborenen Hanna noch sechs Kinder im Alter von 18 Monaten bis 7 Jahre zu versorgen, dazu der Haushalt (Waschen ohne Waschmaschine, Wasserholen vom Brunnen), ein Stall voll Vieh, Feld und Garten. Riesken zog Bilanz. Das Ergebnis war niederschmetternd und so wandte sie sich mit einem Seufzer an Gott, der ihr schon so oft den richtigen Weg gewiesen hatte. Riesken fiel auf ihre Knie und fragte: »HERR, was soll ich jetzt tun? Du hast gehört, was die Hebamme gesagt hat, du siehst meine Venenentzündung und die Kinder, die versorgt werden müssen. Zeige mir, was ich tun soll.« Dann nahm sie ihre Bibel und schlug sie auf. Ihr Blick fiel sofort auf Hebräer 10,35:

»Werfet euer Vertrauen nicht weg,
welches eine große Belohnung hat.«

Riesken dankte dem HERRN für diesen Vers und die Antwort, die sie darin sah. Dann stand sie auf, ging in die Küche, band ihre Schürze um und nahm ihr Tagewerk wieder auf. Sie kochte, versorgte Kinder, Haushalt und Vieh, Garten und Feld, schrubbte den Fußboden der aus Holzdielen gezimmert war, und wusch nachts die Wäsche wie gehabt.

Wann immer Riesken ein paar Minuten erübrigen

konnte, behandelte sie ihre Wade mit kalten Umschlägen und rieb danach das Bein sorgfältig mit Venensalbe ein.

Es hat noch einige Zeit gedauert, doch irgendwann war die Venenentzündung abgeklungen, ohne Folgen zu hinterlassen.

Berufen zur Mutter

Es war auch in einem Dorf in Siebenbürgen nicht üblich, dass »man« so viele Kinder wie die Familie Krampulz hatte. Riesken und Georg mussten sich diesbezüglich viele anzügliche Bemerkungen gefallen lassen. Einige Dorfbewohner gingen sogar so weit, sich bei Rieskens Mutter über den Kindersegen ihrer Tochter zu beschweren. Die Mutter sollte Riesken aufklären, damit das »Kinderkriegen« aufhörte.

»Weißt du«, sagt Riesken zu mir, als ich ihr in dem großen Wohnzimmer gegenübersitze, »ich bin Krankenschwester von Beruf, und ich habe schon gewusst, was man tun muss, um nicht schwanger zu werden. Doch damals, als ich mich mit 19 Jahren bekehrt habe, schenkte ich Jesus mein Leben ganz, ich wollte nichts für mich zurückbehalten. Und Gott hat es mir aufs Herz gelegt, die Kinder aus seiner Hand anzunehmen. Gott macht es gut, er hat mich mit einer robusten Gesundheit gesegnet, so dass ich nie krank war, früh aufstehen und viel schaffen konnte. Auch hat mich mein Mann nie bedrängt, wie viele Leute vermuteten. Das Kinderkriegen war alleine eine Abmachung zwischen Gott und mir. Mein Mann hat meine Entscheidung mitgetragen.« Riesken macht eine Pause und fährt dann fort: »Gerade wenn ich auf viel Unverständnis stieß, habe ich mich häufig gefragt: ›Gehe ich meinen eigenen Weg oder den Weg, den Gott mich führt?‹ Ich habe dann gebetet, dass Gott mich vor eigenen Wegen bewahren möchte.« Nach diesem Gebet empfand Riesken Frieden in ihrer Seele und konnte die ganze Sache einfach Gott überlassen.

Die Anfeindungen bezüglich des Krampulzschen Kindersegens kamen nicht nur von außen. Auch Rieskens Schwiegervater war sehr besorgt. Er malte den jungen Eltern Schreckensszenarien vor Augen und sagte einmal zu Riesken, als sie während einer Schwangerschaft wieder viele geschwollene Krampfadern hatte: »Was soll denn aus den Kindern werden, wenn du stirbst und dein Mann krank ist? Die Kleinen werden verwahrlosen, sie werden zerlumpt und verwaist durch das Dorf ziehen und an allem werdet ihr dann selbst schuld sein.«

So weit kam es, Gott sei Dank, nie. Riesken sieht es als besonderes Geschenk Gottes an, dass sie jeden Morgen aufstehen konnte und voll einsatzbereit war. Es war ihr sehr wichtig, dass ihre Kinder immer gepflegt und sauber waren. Sie sollten genauso in der Schule erscheinen, wie die anderen Kinder. Nicht besser, aber auch nicht schlechter. Häufig hat sie nachts, wenn die Kinder schliefen, die Kleider ausgebessert, bis alles in Ordnung war.

Heute sagt Riesken: »Ich verstehe es im Nachhinein auch nicht, wie ich all das bewältigen konnte. Es gibt für mich nur eine Erklärung: Es war Gott, der Herr, der mich durchgetragen hat.«

Auf meine Frage, ob sie sich denn, vor die Wahl gestellt, noch einmal für ein Leben mit so vielen Kindern entscheiden würde, kam die Antwort prompt: »Wenn ich noch einmal vor der Entscheidung stünde, würde ich nichts anders machen. Vielleicht bin ich ja naiv, aber ich habe die Bibelstelle aus Lukas 9,24: ›*Wer sein Leben erhalten will, der wird es verlieren; wer aber sein Leben verliert um meinetwillen, der wird es erhalten*‹, auf meine Situation übertragen. Ich habe meinen Lebenssinn und -zweck in Jesus gefunden. Es war alles Gnade Gottes, und nur durch seine Hilfe konnte ich mein arbeitsreiches Leben bewältigen. Obwohl ich sehr viel gearbeitet habe, würde ich mit niemandem tauschen wollen. Es ist ein unbeschreiblich wunderbares Geschenk, wenn man Frieden mit Gott haben darf.« Nach kurzem Nachdenken fährt Riesken fort: »Natürlich haben wir auch viele Fehler in der Erziehung gemacht, aber wir haben stets nach bestem Wissen und Gewissen gehandelt und unsere Entscheidungen vorher im Gebet vor Gott gebracht. Wir wollten unsere Kinder erziehen und Gott erzieht uns durch unsere Kinder.«

Verbotene Versammlungen

Für Versammlungen jeglicher Art benötigte man eine besondere Genehmigung der Behörde, je nachdem wie viele Leute zusammenkamen. Kurz nach ihrer Bekehrung schlossen sich Georg und Riesken einer Handvoll alter Männer und Frauen an, die sich zum Bibellesen trafen. Georg hatte sehr viel in der Bibel gelesen, um seinen neugefundenen Herrn besser kennenzulernen. Die älteren Brüder erklärten ihm auch manches. Es dauerte nicht lange, bis Georg selbst die Bibeltexte auslegte. Als später Nachbarn und Bekannte von Familie Krampulz zum Glauben kamen, schlossen sie sich ebenfalls dieser Versammlung an. Die Gläubigen brauchten die Gemeinschaft untereinander und das gemeinsame Bibellesen und Hören auf Gottes Wort. So versammelten sie sich trotz des zeitweiligen Versammlungsverbotes. Die Dorfpolizei hatte das sehr wohl mitbekommen, doch nicht eingegriffen. Sie kannte die Familien, die sich dort trafen. Da das allesamt anständige Leute mit gutem Ruf waren, ließ man sie gewähren.

Tuberkulose

Im Jahr 1964 wurde Familie Krampulz vor eine ganz neue Herausforderung gestellt.

Georg Krampulz, der Vater und Ernährer der Familie, erkrankte an offener Tuberkulose. An drei Stellen war seine Lunge bereits angegriffen. Er fühlte sich sehr krank und elend, und obendrein war seine Krankheit hoch infektiös, d.h. es bestand sehr große Ansteckungsgefahr. Georg wurde in ein Sanatorium geschickt, da das Gesundheitsamt den weiteren Aufenthalt zu Hause verbot. Doch Georg vertrug die Medikamente im Sanatorium nicht und bekam Probleme mit der Leber. Außerdem verlor er rapide an Gewicht. Da man ihm im Sanatorium nicht helfen konnte, ging Georg wieder nach Hause zu seiner Familie. Das war zwar von Amts wegen nicht erlaubt, und eine gläubige Ärztin, die einmal zu Besuch war, fragte Riesken denn auch: »Hast du denn keine Angst, dass Georg die Kinder (Michael war gerade erst im Januar geboren worden und es gab reichlich Kleinkinder) oder dich anstecken könnte?« Rieskens Antwort war schlicht und in ihrer Ehrlichkeit bestechend: »Mein Ehemann und Vater meiner Kinder stand plötzlich vor der Haustür, hätte ich meinem Mann den Zutritt verwehren können? Hätte ich meinen eigenen Mann auf die Straße schicken sollen?« Riesken und Georg taten, was sie immer taten, wenn es keinen Ausweg zu geben schien: Sie brachten ihr Problem vor Gott. Sie baten Gott um Heilung für Georg und darum, dass sich keines der Kinder oder Riesken anstecken mögen.

In dem kleinen Haus war eine Isolierung des Vaters unmöglich, und Riesken brachte es auch nicht übers Herz, den Kindern zu verbieten, auf Vaters Schoß zu klettern und ihm Küsschen zu geben. Und das Wunder geschah: weder eines der Kinder noch Säugling Michael, noch Riesken steckten sich an. Niemand außer Georg erkrankte je an Tuberkulose. »Gott hat es gut gemacht«, sagt Riesken, als sie meinem ungläubigen Blick bemerkt. Nach 6 Monaten zu Hause hatte Georg sich augenscheinlich gut erholt und fing wieder an zu arbeiten.

Elisabeth

Elisabeth, die fünfte Tochter und neunter Sprössling der Familie Krampulz, kam im Frühling, am 10. Mai 1968, zur Welt. Das Baby kam »pünktlich« zum Termin. Diesmal verlief alles problemlos.

5-6 Wochen nach der Geburt, mitten im Juni, fiel Riesken die merkwürdig graue Farbe im Gesicht ihres Säuglings auf. Sie beobachtete Elisabeth weiter und bemerkte, dass das Baby zusehends schlechter Luft bekam und hastig nach Atem rang. Die Gesichtsfarbe der kleinen Elisabeth war nun auf einmal bläulich, und offensichtlich war etwas gar nicht in Ordnung. Sofort packte Riesken ihr Baby und fuhr nach Mühlbach ins Kinderkrankenhaus. Auch dort waren die Ärzte alarmiert und hatten den Verdacht auf Lungenentzündung. Am folgenden Tag wurde Elisabeth geröntgt. Der Arzt rief Riesken nach der Untersuchung in sein Sprechzimmer und zeigte ihr das Röntgenbild. Sie konnte deutlich erkennen, dass die Herzzwischenwand nicht geschlossen war, sondern eine kleine Öffnung hatte, durch die das Blut ungehindert strömen konnte. Diese kleine Öffnung, die alle Neugeborenen haben, wächst normalerweise in den ersten Lebenswochen nach der Geburt zu. Bei Elisabeth war das nicht der Fall, und weil sich das sauerstoffreiche mit dem sauerstoffarmen Blut vermengte, bekam sie nicht genügend Luft. Nur das Verschließen dieser Öffnung durch eine Operation hätte das Problem beheben können. Doch zum damaligen Zeitpunkt konnte man diesen Eingriff in Rumänien nicht durchführen. So war Elisabeths Krankheitsverlauf abzusehen. Die Ärzte boten Riesken an, den Säugling im Krankenhaus zu lassen. Doch als Riesken erfuhr, dass keine medizinische Hilfe möglich sei und Elisabeth im Krankenhaus »nur« auf den Tod warten würde, nahm sie ihr Kind mit nach Hause. Die Ärztin meinte, man könne nicht vorhersagen, wie lange Elisabeth mit diesem Herzfehler noch leben würde. Es könne sich um einen Monat handeln oder aber auch um ein Jahr.

Wieder zu Hause, rang Riesken mit der Frage, wie sie denn nun beten solle. Sie wollte nicht um das Leben ihrer kleinen Tochter bitten, denn Riesken hatte Angst, dass Elisabeth aufgrund ihrer Krankheit zeitlebens mit großen Einschränkungen oder gar Schmerzen würde leben müssen. Auf der anderen Seite konnte sie aber auch nicht sagen: »Herr, nimm mir meine kranke Tochter«, denn nachdem sie acht gesunde Kinder geschenkt bekommen hatte, erschien ihr dieses Gebet reichlich undankbar. So faltete sie die Hände und sprach mit ihrem Vater im Himmel: »Herr, du hast Elisabeth geschaffen und du kannst ihr helfen. Bitte hilf mir zu danken, egal wie du über ihr Leben entscheidest.«

Am übernächsten Tag, einem Donnerstag, starb Elisabeth.

Auch wenn sie nur kurz in der Familie gelebt hatte und Riesken froh darüber war, dass Elisabeth nicht hatte leiden müssen, so tat es doch unendlich weh, sie herzugeben. Damals fragte sie sich, wie schwer es erst sein müsse, ein größeres Kind herzugeben, wenn es schon so schwer ist, einen Säugling an Gott zurückzugeben. Riesken war sicher, so ein Unglück niemals verkraften zu können. Doch genau das sollte elf Jahre später eintreffen.

Der Rückfall

Vier Jahre hatte Georgs Genesung angehalten, bis er 1968 einen heftigen Rückfall bekam. Er fieberte, hustete und spuckte Blut. Erneut wurde er in ein Sanatorium eingewiesen, diesmal in ein anderes als zuvor. Georg verbrachte dort einige Monate und wurde wieder als nicht geheilt entlassen. Als sich sein Zustand auch zu Hause nicht stabilisierte, ging er 1971 in ein weiteres Sanatorium mit der Hoffnung, dort geheilt oder zumindest so weit wiederhergestellt zu werden, dass er arbeiten gehen könnte. Doch diese Hoffnung sollte sich nicht erfüllen. 1972 wurde Georg gegen seinen Willen berentet. Das war ein schwerer Schlag für die Familie, die mittlerweile 12 Kinder hatte. Wovon sollten sie leben? Von der geringen Rente war dies nicht möglich. Würden die Spötter nun doch Recht behalten, dass es unverantwortlich sei, so viele Kinder haben zu wollen?

Georg und Riesken breiteten ihre Situation vor Gott aus, dem sie bedingungslos vertrauten. Sie glaubten daran, dass er ihnen helfen würde. Aber sie selbst taten auch, was in ihrer Macht stand. Und dann kam unverhofft der Brief aus Amerika. Auch wenn es wie im Märchen klingt, ist es doch die Wahrheit. Georg hatte eine Großmutter, die in den USA lebte. Zwar hatte er von ihr 20 Jahre lang nichts gehört, doch in dem Jahr, als Georg in Rente musste (1972), bekam er einen Brief mit der Nachricht, dass seine Großmutter ihm eine größere Summe vererbt hatte. Mit diesem, vom Himmel geschickten Betrag, konnte die Familie nicht nur gut überleben, sondern auch eine Heizung in das Haus einbauen sowie ein WC im Badezimmer installieren lassen. Das bedeutete für die ganze Familie eine enorme Erleichterung des Alltags, besonders aber für den sehr kranken Georg.

Riesken fasst die Lage in ihrer präzisen Art so zusammen: »Wo wir nicht mehr können, da kann der Herr helfen.«

Weiter erzählt sie: »Wir waren damals durch das Lesen entsprechender Bücher der Irrlehre verfallen, dass allein ein ausreichender Glaube von allen körperlichen Gebrechen heilt. Deshalb wollte Georg nun auch die Tabletten, die ihm der Arzt verschrieben hatte, nicht nehmen. Da sich sein Zustand weiterhin verschlechterte, war es ein Kampf auf Leben und Tod. Doch ich wusste immer, dass der Herr meinen Georg in diesem Glaubens- und Überlebenskampf nicht sterben lassen würde.«

Dann kam die große Flut in den 70-er Jahren. Weite Landstriche Rumäniens wurden nach der Schneeschmelze und heftigen Regenfällen überschwemmt. Es kam zu einer der schlimmsten Naturkatastrophen Rumäniens mit unzähligen Toten. Viele Menschen verloren ihre Häuser, die Vorräte wurden weggeschwemmt und

Ungeziefer und Krankheiten breiteten sich aus. Ganze Dörfer wurden zerstört. Das Dorf, in dem Familie Krampulz lebte, war nicht direkt betroffen.

Wegen der großen Not in weiten Teilen des Landes, öffnete die Regierung erstmals die Grenzen für Hilfslieferungen aus dem Ausland. Auch in Deutschland wurden eifrig Pakete mit Lebensmitteln, Kleidung und anderen Hilfsgütern gepackt und viele Lastwagen damit beladen. Auf diesem Weg fanden auch Kühlschränke, Tiefkühltruhen, Elektroherde etc. ihren Weg nach Rumänien. So kam Familie Krampulz zu einer Tiefkühltruhe, die den Haushalt und die Vorratshaltung um ein vielfaches vereinfachte.

Ein deutscher Lungenpatient spendete seine Medikamente im Wert von 2000-3000 DM, die er nicht mehr benötigte. Damals rollten viele LKWs aus verschiedenen westeuropäischen Ländern über die rumänische Grenze. Es gab viele Anlaufstellen in Rumänien. Doch genau der LKW, der das Paket mit den Medikamenten enthielt, fuhr auf den Hof der Familie Krampulz. Die Mitarbeiter des Hilfstransportes wurden von Familie Krampulz verköstigt und fanden dort auch ein Nachtlager. Bis heute hat Riesken keine Ahnung, woher die entsprechende Hilfsorganisation ihre Adresse hatte. Familie Krampulz bekam den Auftrag, die Pakete dort zu verteilen, wo sie nötig gebraucht wurden. Dies taten sie dann selbstverständlich gerne.

Als Riesken die speziellen Medikamente für Lungenkrankheiten entdeckte, brachte sie diese zum Arzt. Da der Arzt keinen Patienten hatte, der die Medikamente dringender als Georg Krampulz benötigte, gab er Riesken die Medikamente und einer Dosierungsanweisung wieder mit nach Hause. Diese Medikamente retteten Georg das Leben.

Später stellte sich jedoch heraus, dass die Dosierung viel zu hoch war, was zur Folge hatte, dass Georgs rechter Lungenflügel völlig vernarbte. Durch diese Medikamente wurde Georg sehr geschwächt, jedoch stoppten sie seinen Husten und auch der blutige Auswurf hatte endlich ein Ende.

Nach und nach erholte sich Georg so weit, dass er wieder predigen konnte. Da er nun in Rente war, widmete er sich ganz der Verkündigung. Mittlerweile war die Brüdergemeinde auf ca. 120 Gläubige angewachsen. Fast alle Nachbarn der Familie Krampulz hatten zum Glauben an Jesus gefunden.

Auch Rieskens Schwiegervater, Johann Krampulz, der Georg am Anfang ihrer Ehe hart wegen der wachsenden Kinderschar kritisierte, fand zum Glauben. Er bekehrte sich Anfang der siebziger Jahre (1972/73) nach der Flutkatastrophe. Johann Krampulz hatte den Überlebenskampf seines Sohnes miterlebt und gesehen, wie der HERR Georg und die gesamte Familie versorgt hatte. Auf seine Bekehrung angesprochen, sagte Johann rückblickend einmal: »Als ich gesehen hatte, wie der Herr ihnen geholfen hatte, wusste ich, dass es einen Gott gibt.« Riesken sagte rückblickend: »Die Treue Gottes zu den Seinen hat meinen Schwiegervater überwältigt.«

Ehrenamtliche Krankenpflege

Neben ihrem großen Haushalt, neben Kindererziehung und Landwirtschaft war Riesken auch als Krankenschwester im Dorf tätig. So versorgte sie »nebenbei« und unentgeltlich Tag und Nacht die kranken Kinder im Dorf, wann immer es nötig war. Das war eine Entscheidung aus christlicher Nächstenliebe. Das Krankenhaus war in Mühlbach, 12 Kilometer von Kelling entfernt. Wenn ein krankes Kind dort bleiben musste, bedeutete dies, dass seine Mutter ebenfalls im Krankenhaus schlafen musste, um das Kind zu versorgen. Da die meisten Mütter aber mehrere Kinder hatten und ebenfalls die heimische Landwirtschaft besorgen mussten, war ein Krankenhausaufenthalt der Mutter oftmals unmöglich oder zumindest mit größten Schwierigkeiten verbunden. Den Krankenhausärzten war Riesken durch ihre Entbindungen gut bekannt, und so kam es, dass die Ärzte den Müttern der kranken Kinder die Medikamente in Form von Ampullen mit dem Kommentar mit nach Hause gaben: »Frau Krampulz wird Ihrem Kind die Spritzen schon geben, wenn Sie darum bitten.« Damals gab es in Rumänien für die schwerwiegenden Kinderkrankheiten noch keine Säfte, Zäpfchen oder Tabletten, sondern ausschließlich Spritzen.

So kam es, dass Riesken oft auch nachts im Dorf unterwegs war, um den kranken Kindern die Spritzen zu verabreichen. Dazu hatte sie ein Blechpfännchen, in dem sie die große Glasspritze transportierte und nach jedem Krankenbesuch zu Hause gründlich auskochte.

Für diese Dienste nahm Riesken bewusst kein Geld an, um üble Nachrede nach dem Motto: »Die tut das doch nur des Geldes wegen« zu vermeiden.

Eine unangenehme Nebenwirkung ihrer Krankenschwesternpflicht war, dass die Dorfkinder schnell davonrannten, wenn sie Riesken nur von Weitem sahen. Die kinderliebe Frau war bei den Kindern sehr gefürchtet, verbanden diese doch ihr Kommen stets mit den schmerzhaften Injektionen.

Rosina Krampulz mit 13 Kindern, 1975 in Kelling (Siebenbürgen)

Kinderkrankheiten

Naturgemäß blieben auch die Kinder der Familie Krampulz nicht von den üblichen Kinderkrankheiten wie Masern, Mumps und Keuchhusten verschont. Mit dem Unterschied, dass diese Zeiten für Riesken ungleich schwerer waren, als für eine Mutter, die »nur« 2 oder 3 Kinder hatte.

Riesken erinnert sich: »Es war in einem Winter, wir hatten damals sieben Kinder und alle hatten gleichzeitig Keuchhusten. Hanna bekam noch eine Lungenentzündung dazu und Michael hatte zusätzlich einen Leistenbruch. Es gab weder Medikamente noch eine chirurgische Möglichkeit, den Leistenbruch zu behandeln. Ich war sehr besorgt, dass sich der Bruch durch Michaels heftigen Husten einklemmen könnte.«

Gespannt frage ich, was Riesken denn dann unternommen habe. Sie sieht mich ein wenig überrascht an und erwidert, als sei es das Selbstverständlichste auf der Welt: »Ich betete zum Herrn, dass Michael nicht so heftigen husten muss wie die andern Kinder, und der Herr hat mein Gebet erhört. Michael musste kaum noch husten.«

»Auch die Masern hatten alle Kinder gleichzeitig bekommen«, fährt Riesken fort. Allerdings mit Komplikationen wie Durchfall, Erbrechen und Nasenbluten. Um die Pflege zu erleichtern brachte Riesken alle Kinderbetten in ein Zimmer, stellte sie der Reihe nach an der Wand entlang auf und schob vor die Fußenden ein Sofa. Auf diesem Sofa verbrachte sie selbst dann die Nacht, um sofort bei dem Kind zu sein, das sich gerade übergeben musste. Sie konnte dann meist noch rechtzeitig den Eimer reichen oder ein Handtuch vor die blutende Nase halten.

Zu solchen Zeiten fiel Riesken abends todmüde ins Bett – oder eben auf das Sofa – und fragte sich, wie sie den nächsten Tag überstehen sollte. Doch mit dem Morgen kam auch die Kraft zurück. Riesken sagt im Rückblick wieder: »Ich konnte das alles nur durch Gottes Hilfe bewältigen.«

Ein tragischer Unfall

In der Nacht des 21. März 1979, in der sich der Unfall ereignete, war Riesken wieder einmal mit ihrem »Spritzenpfännchen« im Dorf unterwegs, um den kranken Kindern die notwendigen Medikamente zu geben. Als sie alle Patienten versorgt hatte, ging sie wieder nach Hause. Trotz ihres übervollen Tagespensums konnte Riesken nicht einschlafen, was äußerst selten vorkam. Eine seltsame Unruhe hatte sie befallen. Mitten in ihre Gedanken hinein, klingelte das Telefon. Die Polizei war am Apparat und teilte Riesken mit, dass ihr Sohn Georg einen Unfall gehabt habe und nun im Krankenhaus sei. Der diensthabende Polizist wusste, dass Georg bereits tot eingeliefert worden war, doch er brachte es nicht übers Herz, den Eltern diese Mitteilung zu überbringen. So bat er lediglich, dass die Eltern unverzüglich ins Krankenhaus kommen sollten.

Bevor Georg senior und Riesken losfuhren, knieten sie nieder, um zu ihrem Herrn zu beten: »Herr, du weißt, wie wir unseren Sohn vorfinden werden. Wir bitten dich nur um eines, lass uns stille sein, wie auch immer deine Führung aussehen mag.«

So fuhren Georg und Riesken los, um nach ihrem erstgeborenen Sohn, Georg, zu sehen. Auf der einsamen Landstraße, die in die Stadt führte, war nachts niemand unterwegs. Georg bat seine Frau, die Felder rechts und links der Straße im Auge zu behalten und nach einem Unfallwagen zu suchen. Plötzlich entdeckte Riesken das Auto ihres Sohnes. Ihr Mann hielt an und das Ehepaar besah das Auto. Der Kommentar von Georg war kurz: »So wie das Auto aussieht, kann unser Sohn gar nicht mehr leben.«

Georg junior war am Nachmittag auf einer Beerdigung gewesen. Anschließend bot er sich an, noch einige Freunde aus der Gemeinde, die kein Auto hatten, nach Hause zu fahren, weil ein heftiges Gewitter tobte. Blitz und Donner krachten vom Himmel und erschreckten Mensch und Tier. Auf einer Koppel brach ein in Panik geratenes Pferd aus, galoppierte ziellos über Felder und Wiesen und überquerte unversehens die Straße, auf der Georg unterwegs war. Das wildgewordene Pferd stieß mit einem der Hufe direkt durch die Windschutzscheibe von Georgs Auto. Er war auf der Stelle tot.

Als Georg senior und Riesken im Krankenhaus ankamen, erkundigten sie sich beim Pförtner nach den Unfallopfern. Der Pförtner, der das Ehepaar Krampulz nicht kannte, leierte teilnahmslos und gelangweilt die Einträge seiner Liste herunter: »Zwei Männer haben wir ins Hotel geschickt, zwei liegen auf der Unfallstation und der Fahrer ist tot.«

Auf diese herzlose Art und Weise erfuhren Georg und Riesken vom Tod ihres zweiten Kindes, Georg, das gerade mal 19 Jahre alt geworden ist.

Es war eine schwere Zeit, die die Familie nach Georgs plötzlichem Tod durchlebte. Die Eltern klammerten sich an Gott und die Gewissheit, dass Georg nun bei seinem

Herrn im Himmel ist, der weiß, warum er den Unfall zugelassen hat.

Benjamin

Ein gutes Jahr nach dem Unfall wurde Benjamin, das achtzehnte und letzte Kind von Riesken und Georg per Kaiserschnitt auf die Welt geholt. Benjamin war das einzige »Kaiserschnittkind« der Familie Krampulz. So fuhr Riesken am 17. Juli 1980 in die Kreisstadt Karlsburg, das heutige Alba Iulia.

Riesken richtete sich in dem schlichten Krankenzimmer ein und harrte der Dinge, die da kommen sollten. Am nächsten Tag wurde sie wie geplant in den OP gebracht und versank schnell in der Narkose. Von der Entbindung hat Riesken nichts mitbekommen. So sah sie auch nicht, dass der Junge, der aus ihrem Bauch geholt wurde, völlig blau angelaufen war.

Ganz langsam kam Riesken wieder zu sich. Als sie den Kopf ein wenig drehte, sah sie die Ärztin neben ihrem Bett stehen. Ohne lange Vorreden teilte sie Riesken sogleich mit, dass ihr Baby das Problemkind der Säuglingsstation sei. Seine Lungen würden nicht richtig arbeiten und er müsse künstlich beatmet werden. Dann rauschte die Ärztin davon. Riesken war geschockt. Die Schwangerschaft war ganz problemlos verlaufen und es hatte keine Anzeichen für eine Erkrankung des Kindes gegeben. Die Gedanken überstürzten sich in ihrem Kopf und sie war froh, dass sie alleine im Zimmer war. Tränen rannen Riesken übers Gesicht, als sie sich enttäuscht an Gott wandte: »Warum musste ich Benjamin siebeneinhalb Monate tragen, wenn du ihn mir doch wieder wegnehmen willst?«, seufzte sie in einem knappen Gebet.

Eine Krankenschwester, die ins Zimmer gekommen war, sah Rieskens vom Weinen gerötete Augen und fragte: »Was haben Sie denn? Sie haben doch noch so viele andere Kinder!« Das war kein Trost für Riesken, sie konnte über so viel Ahnungslosigkeit nur den Kopf schütteln. Für Riesken war jedes einzelne Kind so wertvoll und unersetzlich, als wäre es ihr Einziges. Sie liebte jedes in seiner individuellen Art von ganzem Herzen.

Ihr Schmerz um Benjamin war groß, und sie verstand Gott nicht mehr. Letzteres war wohl das Schlimmste für sie. Riesken war von ihrem Verbündeten, mit dem sie unzählige Prüfungen im Leben bestanden hatte, enttäuscht und fühlte sich von ihm verraten. In ihrer Verzweiflung sprach sie zu Gott: »Wenn du mir Benjamin nimmst, lege ich ihn zu den anderen beiden verstorbenen Kindern, Elisabeth und Georg. Das wären dann drei Kinder, die du zurückgeholt hast.« Sie legte sich zurück und schloss die Augen. Plötzlich wurde ihr bewusst, dass sie mit Gott, dem Allmächtigen, haderte. Sie überdachte die Lage und fragte sich dann: »Mit welchem Recht klage ich Gott eigentlich an? Habe ich nicht mein ganzes Leben an Gott übergeben, damit er daraus machen kann, was er will?«

Demütig bat Riesken Gott um Vergebung, dass sie besser hatte wissen wollen, was gut für sie und Benjamin ist. Da kehrte wieder Ruhe und Frieden in ihr ein. Sie wandte sich noch einmal an Gott und bat ihn, Benjamin gesund zu machen, wenn es in seinem Plan vorgesehen ist. Auch bat sie Gott, ihr zu einem »Ja« zu seiner Führung zu helfen für den Fall, dass Benjamin sterben sollte. Nach diesem Gebet wurde es Riesken wieder leichter ums Herz und sie begann, ein Lied zu summen. Es war ein Choral aus dem 19. Jahrhundert, der mitten in ihre Situation sprach:

Keiner wird zuschanden, welcher Gottes harrt;
sollt ich sein der Erste, der zuschanden ward?
Nein, das ist unmöglich, du getreuer Hort!
Eher fällt der Himmel, eh mich täuscht dein Wort!

Du hast zugesaget: Wer da bittet, nimmt,
wer da sucht, soll finden, was ihm Gott bestimmt;
wer im festen Glauben mutig klopfet an,
dem wird ohne Zweifel endlich aufgetan.

Nun, so will ich's wagen, Herr, auf dein Gebot,
alle meine Sorgen, eig'n und fremde Not,
all mein heimlich Grämen, alles was mich quält,
dir ans Herz zu legen, der die Tränen zählt.

Du bist mein Erbarmer und mein bester Freund,
meines Lebens Sonne, die mir lacht und scheint,
auch in finstern Nächten und durchs Todestal
mir hinüberleuchtet zu des Lammes Mahl.

Riesken berichtet: »Mit diesem Lied tröstete Gott mein Herz, auch wenn die Ärzte mir in den kommenden Tagen keine Hoffnung mehr machten, was Benjamins Genesung betraf.«

Die Tage vergingen. Riesken dachte an ihre Familie und fragte sich, wie sie wohl ohne sie zurechtkämen. Es war eine große Hilfe, dass die ersten Kinder jetzt schon erwachsen waren. Riesken, die Erstgeborene, war bei Benjamins Geburt bereits 22 Jahre alt, Maria war gerade 20 geworden und Hans war 19. So wusste Riesken immerhin Haushalt, Hof und Tiere versorgt. Dennoch wollte sie so schnell wie möglich nach Hause. Doch Benjamin wurde noch künstlich beatmet. Riesken hatte keinen »Plan B« parat, den sie hätte aus der Tasche ziehen können. Dafür hatte sie Gott, ihren persönlichen Verbündeten, mit dem schon vor Jahrtausenden Abraham, Mose, Daniel, David und viele andere wunderbare Erfahrungen gemacht und Auswege aus Auswegslosigkeiten gefunden hatten. Riesken breitete ihre Lage vor Gott aus – und Gott handelte.

Benjamin konnte plötzlich selbstständig atmen und versetzte die Ärzte und Schwestern in großes Erstaunen. 10 Tage nach dem Kaiserschnitt wurde Riesken mit Benjamin nach Hause entlassen. Die Ärztin riet ihr bei der Entlassung noch, sofort ins Krankenhaus zurückzukommen, falls sich an Benjamins Zustand etwas ändern sollte. Riesken vermutete, dass sie mit dem schwachen und kränklichen Benjamin nur deshalb nach Hause durfte, weil die Ärztin wusste, dass die anderen Kinder Riesken brauchten.

Wieder zu Hause, begann für Riesken eine anstrengende Zeit. In den ersten fünf Monaten gab sie Benjamin alle vier Stunden ein Fläschchen mit Säuglingsnahrung aus der Apotheke. Tag und Nacht war Riesken im Einsatz, doch sie war froh, dass sie mit Benjamin zu Hause sein konnte. In den nächsten Monaten bekam er weiter sein Fläschchen, und nach und nach sah man, dass er wuchs und sich entwickelte. Das geschah nicht so rasch und problemlos wie bei den anderen Kindern. Benjamin brauchte länger, und alles schien irgendwie verzögert vor sich zu gehen. Er bewegte sich nicht altersgemäß, wie seine Geschwister es getan hatten, und er reagierte auch anders. Riesken stellte sich oft vor, wie es wäre, wenn Benjamin behindert sein würde, und fragte sich, wie sie als Familie mit der Situation zurechtkämen. Sie sagte: »Mir ist bewusst, dass Gott ihn jederzeit gesund machen kann. Und wenn er es nicht tun möchte, so will ich ihm danken, dass ich 15 gesunde Kinder haben darf und darauf vertrauen, dass er mir mit Ben helfen wird.«

Als Benjamin nach zwei Jahren allmählich zu sprechen begann, war der Familie klar, dass er es geschafft bzw. dass Gott ihnen ein gesundes 18. Kind geschenkt hatte.

Heute ist Benjamin ein begabter Student, und niemand würde vermuten, dass er einmal so krank gewesen ist und mit dem Tod gerungen hat.

Ausreise

1979 wurde Georg plötzlich ohne Ankündigung oder Angabe eines Grundes die Rente entzogen. Er sollte wieder arbeiten. Vom gesundheitlichen Aspekt einmal abgesehen, stellte sich die Arbeitssuche als äußerst schwierig heraus. Niemand wollte den fleißigen und geschickten Georg einstellen. Dafür gab es eine einfache Erklärung: Georg hatte für einen illegalen Bibeltransport im Hintergrund die Fäden gezogen. Dafür musste er nun bezahlen. So kam es, dass die Familie von heute auf morgen ohne Einkommen war, aber 16 Kinder zu versorgen hatte. Riesken bekam lediglich einen Bonus von ca. 50 DM monatlich vom Staat, da sie als »Heldenmutter« (eine Frau, die mehr als 12 Kinder hat) eingestuft wurde. Um das aktuelle »finanzielle Loch« zu stopfen und um für die nächsten Wochen bei Kasse zu sein, verkauften Georg und Riesken das Auto und eine

Kuh. Es musste aber eine dauerhafte Lösung gefunden werden, das war allen klar. So kam es, dass Georg den Vorschlag machte, nach Deutschland auszureisen. Er hatte in München eine Tante, die er dort schon mehrfach besucht hatte. Riesken war das gar nicht recht. Nun war endlich ihr Haus nach jahrelangen An- und Umbaumaßnahmen schön eingerichtet, und hatte sogar ein Badezimmer und eine Heizung. Außerdem wollte Riesken nicht in das Wohlstandsland Deutschland. Ihr Kommentar: »Dort ziehen wir auch nur *einen* Rock auf einmal an und essen auch nur mit *einem* Löffel. Was soll ich in Deutschland?«

Doch ihre wirtschaftliche Situation ließ ihnen keine andere Wahl, als den Ausreiseantrag zu stellen. Es war eine Frage des Überlebens. Doch bei den Behörden stießen sie mit ihrem Antrag auf Unverständnis. Ein Parteisekretär fragte: »Wohin wollen Sie in Deutschland mit 15 Kindern?« Auch die Interventionen der Münchner Tante blieben ohne Erfolg.

Da erinnerte sich Georg daran, dass sein ehemaliger Chef, der ihn wegen seines Fleißes und seiner Zuverlässigkeit sehr geschätzt hatte, mittlerweile Innenminister in Bukarest war. So schrieb Georg per Einschreiben mit Rückschein an den Innenminister. Die Freunde der Familie belächelten ihn mitleidig: Glaubte er wirklich, dass sein Brief bis zum Herrn Innenminister vordringen würde? Die lästigen Bittbriefe entsorgte gewöhnlich die Sekretärin.

Doch schon nach wenigen Tagen erhielt Georg eine Antwort. Er wurde in die Parteizentrale vorgeladen. Riesken dachte sofort an eine Verhaftung und riet ihm: »Nimm die Kinder mit, dann können sie dich nicht sofort dort behalten.« Das tat er dann auch und reiste mit ein paar Kindern zur Parteizentrale.

Allen menschlichen Machenschaften zum Trotz hatte der Innenminister den Brief tatsächlich erhalten und setzte sich für die Ausreise der Familie Krampulz ein. Jedem, der davon hörte, war klar, dass hier ein Größerer als der Innenminister die Hand im Spiel hatte.

In Deutschland

Im Oktober 1982 kam Familie Krampulz in Deutschland an. Sie gehörten zu den Glücklichen, die nur zwei Tage im Übergangslager in Nürnberg verbringen mussten, denn ein Schulleiter aus Gomaringen (Schwäbische Alb) stellte der Familie vorübergehend ein Häuschen zur Verfügung. Mit dieser festen Wohnadresse konnten sie einen Neuanfang starten. So machte sich Familie Krampulz an die Aufgabe, ihre neue Existenz aufzubauen: mit 14 Kindern und einem Startkapital von gerade mal umgerechnet 3000 DM. Sie hatten zwar in Rumänien Haus und Hof verkauft, was einen vielfachen Wert davon hatte, durften jedoch laut Gesetz nicht mehr als 3000 DM mitnehmen.

Maria, die zweitälteste Tochter, hatte bereits in Rumänien geheiratet und war mit ihrem Mann schon im Februar 1982 nach Deutschland ausgereist. Hans, der damals 21 Jahre alt war, reiste einen Monat später nach, da er erst seine Armeezeit in Rumänien zu Ende bringen musste.

Da die Ankunft der Familie glücklicherweise in die Herbstferien fiel, konnten die schulpflichtigen Kinder übergangslos die entsprechenden Schulklassen fortsetzen. Christian ging in die erste Klasse, der 16-jährige Samuel besuchte zunächst die Realschule, wechselte später jedoch aufs Gymnasium, das auch die 17-jährige Hanna besuchte. Michael, 18 Jahre alt, der in Rumänien das Abitur gemacht und als Gipser gejobbt hatte, fand auch in Deutschland sofort eine Stelle als Gipser, und schon im Februar 1983 konnte er in Nürtingen sein BWL-Studium aufnehmen. Die 20-jährige Sara begann ihre Ausbildung zur Erzieherin. Riesken, die Erstgeborene, begann im März 1983 mit der Ausbildung zur Krankenschwester. Die Kleinen der Familie Krampulz besuchten den örtlichen Kindergarten.

Acht Monate wohnte die Familie in dem Häuschen, dann konnten sie in Oferdingen ein Haus mieten, wo sie mehr Platz hatten. Das war auch notwendig, denn 1987 durften Rieskens Eltern, Michael und Rosina Beckert, ausreisen; zwei Jahre später folgte Maria, Rieskens einzige Schwester, mit ihrer Familie.

Rieskens Schwiegervater, der auch seine Ausreise beantragt hatte, kam ebenfalls nach Deutschland. Er verstarb jedoch einige Monate nach seiner Ankunft an den Folgen eines Herzinfarktes. Kurz vor seinem Tod sagte er: »Alles, was ich geschafft und wofür ich gelebt habe, ist in Rumänien geblieben. Doch der Herr hat mich von meinen irdischen Besitztümern frei gemacht und mir gezeigt, was wichtig ist im Leben – und im Tod: Frieden mit Gott zu haben.«

Georg musste nun aufgrund seiner stark angeschlagenen Gesundheit nicht mehr arbeiten. Dafür war die Familie sehr dankbar. Sie wurden zum einen finanziell unterstützt, zum anderen verdienten die Studenten der Familie alle selbst durch Ferienjobs. Nach sieben Jahren sollte das Haus in Oferdingen, das Familie Krampulz gemietet hatte, plötzlich verkauft werden. Das war ein großer Schock für die Familie. Schließlich hatten sie keine Möglichkeit, das Haus zu kaufen, und irgendwo

Familienfest Weihnachten 1993 in Metzingen (Deutschland)

musste die Großfamilie ja leben. Schulden zu machen, kam nicht in Frage. Damals wohnten noch 11 Kinder und Rieskens Eltern im Haus. Riesken schilderte ihren Lösungsweg so: »Da haben wir einfach gebetet und dem Herrn unsere Not gesagt. Und er hat geantwortet. Eine ältere Frau, die allein eine 300 qm große Villa in Metzingen (bei Reutlingen) bewohnte, wandte sich an uns. Das Haus war viel zu groß für sie und zudem renovierungsbedürftig. Die Renovierung hätte viele Tausende Mark gekostet. So machte die Frau uns ein Angebot: Für die eigenständige Renovierung (inklusive neue Stromleitungen verlegen und Dach neu decken) der Villa durch unsere Familie sollten wir einen Mietvertrag bekommen, der uns 20 Jahre kostenfreies Wohnen garantieren würde. Mit Hilfe vieler Geschwister aus unserer Versammlung und unserer erwachsenen Kinder waren wir in der Lage, die Villa zu renovieren. So kam es, dass wir ab 1990 kostenlos eine Villa mit wunderschönem Garten bewohnen durften. So hat der Herr es gefügt«, fasste Riesken den Bericht über ihr neues Zuhause in Deutschland zusammen.

Nun hatte Familie Krampulz genügend Platz, und auch Rieskens Eltern konnten bis zu ihrem Tod mit im Hause leben. Michael Beckert starb 1994, Rosina Beckert 2000.

Noch 1984, während der Zeit in Oferdingen, trafen sich die Familien der Rumänen-Deutschen Aussiedler regelmäßig in der Kantine einer Fabrik, um dort ihre Versammlungen und Gottesdienste zu halten. Nach und nach zogen fast alle Geschwister aus der ehemaligen Gemeinde in Rumänien nach Metzingen. Hier fanden sie Freunde und alte Bekannte, die ihren Glauben in Freiheit leben konnten. Die Gemeinde wuchs. Dann konnte sie in Metzingen ein heruntergewirtschaftetes

Haus für die Gottesdienste mieten. In unzähligen Stunden renovierten die Geschwister das Haus gründlich und schließlich schenkte die Besitzerin der Gemeinde das gesamte Anwesen. Heute zählt die Gemeinde ca. 400 Glieder, die sich mittwochs, freitags und sonntags zwei Mal zu den Versammlungen treffen.

Auf Heimweh nach dem Ort ihrer Kindheit und wo sie viele Jahre ihres Lebens als Erwachsene verbracht hat, angesprochen, antwortet Riesken: »Ich habe kein Heimweh nach Rumänien. Jetzt sind wir hier, und auch hier werden wir nicht bleiben, denn unsere Heimat ist im Himmel.«

Heute

Wie das Leben so ist, verließ ein Kind nach dem anderen aus beruflichen Gründen oder um zu heiraten das Elternhaus. Nicht lange nachdem das letzte Kind ausgezogen war, erlitt Georg Krampulz im Jahr 2004 eine schwere Hirnblutung. Obwohl er sofort ins Krankenhaus gebracht wurde, rieten die Ärzte von einer Operation ab, da die Blutung zu tief und stark gewesen war. Dem dreiwöchigen Krankenhausaufenthalt folgte eine sechswöchige Rehabilitationsmaßnahme. Danach durfte Georg wieder nach Hause und wird seitdem von seiner Frau liebevoll umsorgt. Riesken ist sehr dankbar dafür, dass Georg so ruhig und zufrieden ist, und empfindet es als ein großes Geschenk. Oft gehen die beiden zusammen spazieren, auch essen kann Georg selbständig. Die größten Probleme bereite ihm das Sprechen, das oftmals sehr undeutlich ist, sodass selbst Riesken ihn nicht verstehen kann. Einmal wachte Georg nachts aufgeregt auf und wollte ihr unbedingt etwas Wichtiges mitteilen. Doch er konnte die Wörter nur undeutlich hervorbringen, so dass Riesken ihn nicht verstand. Da wurde Georg noch unruhiger, aber Riesken wusste Rat. Sie faltete die Hände und bat Gott, dass Georg gut weiterschlafen und sein Anliegen am nächsten Tag verständlich formulieren könne. Als Georg am nächsten Morgen aufwachte, konnte er seiner Frau sagen, was ihm so wichtig war.

Zusammenfassend sagte Riesken: »Wenn wir den HERRN haben, sind wir zufrieden. Wir haben viele Kinder und mussten oftmals Entscheidungen für sie treffen, die sie nicht verstanden haben, obwohl es das Beste für sie war. Wie viel mehr will unser himmlischer Vater das Beste für uns, auch wenn wir es nicht immer verstehen.«

Heute lebt nur noch ein Kind mit den Eltern zusammen in der Villa in Metzingen. 13 Kinder sind verheiratet, 7 Kinder leben mit ihren Familien in der näheren Umgebung von Metzingen und besuchen die Eltern häufig. Die Tür steht jederzeit für sie offen. Alle Kinder haben eine Arbeitsstelle und leben in geordneten Verhältnissen. Die meisten Söhne haben studiert, die Töchter haben in ihren Berufen Fuß gefasst oder sind längst selbst Mütter geworden. Mittlerweile zählt die Großfamilie um Georg und Riesken Krampulz 62 Mitglieder. Tendenz zunehmend.

Mir scheint es, dass Rieskens Glaube an ihren Herrn und ihr Gottvertrauen parallel zur Familie gewachsen ist. Sie selbst kommentiert ihre entbehrungsvolle und dennoch reiche Lebensgeschichte so: »Unverdient gut hat es der Herr mit uns gemacht.«

Bei Esthers Hochzeit in Montreux, Oktober 2002

Bericht von Tochter Riesken

Es fällt mir schwer, in Worte zu fassen, was ich für unsere Mutter empfinde, was ich von ihr gelernt habe und was sie mir bedeutet. Sie war immer ein Vorbild in dem, wie sie gelebt und gearbeitet hat. Es war für mich selbstverständlich, ihr zu helfen. Schon früh vertraute sie mir die Fürsorge und Verantwortung für die jüngeren Geschwister an.

Fast nie bin ich ohne wenigstens eines meiner kleineren Geschwister zu meinen Freundinnen oder zum Spielen gegangen – das war für mich gar nicht schlimm, sondern irgendwie selbstverständlich. Als ich elf Jahre alt war, habe ich schon manchmal allein auf die sieben Kleineren aufgepasst.

Unsere Mutter hat immer gearbeitet, und das mit einer Selbstlosigkeit und Selbstaufopferung, dass es für uns auch ganz normal war, mitzuhelfen und mitzutragen.

Sie hat bei der vielen Arbeit nie geklagt oder gejammert; putzen, Kinder hüten, Essen vorbereiten, aufräumen, Garten, Stall mit Vieh … immer gab es etwas zu tun.

Meine Hausaufgaben machte ich immer erst abends, wenn die Kleinen im Bett waren. In der Schule hatten wir Kinder nie Schwierigkeiten. Wir waren alle sehr gute Schüler.

Als ich 13 Jahre war, wurde mir bewusst, was es an Arbeit bedeutet, wenn fast jedes Jahr ein Kind dazu kommt. Da fragte ich meine Mutter, ob ich auch so viele Kinder haben müsste. Sie verneinte und sagte bloß: »Wem der Herr eine Aufgabe gibt, dem gibt er auch die

Kraft.« Dieses durfte ich miterleben, wie unsere Mutter von dieser Kraft lebte.

Nie war sie krank, nie klagte sie über Müdigkeit, Schwäche oder sonstige Wehwehchen. Ich kann mich nicht erinnern, dass sie gesagt hätte, es sei ihr zu viel, sie hätte jetzt genug oder wolle jetzt etwas für sich tun.

Einmal sagte ich sogar zu ihr: »Ich möchte dich einmal sagen hören: Mir reicht's, jetzt habe ich genug.« Sie sagte nur: »Wärst du dann nicht enttäuscht?«

Auf Genauigkeit und Ordnung hat sie großen Wert gelegt. Die Wäsche musste immer ganz ordentlich auf der Wäscheleine hängen – öfter habe ich sie abhängen und wieder aufhängen müssen – weil es nicht schön genug aussah.

Der Mutter war es ganz wichtig, dass wir *gerne* halfen – sie sagte immer: »Was man nicht von Herzen und gerne tut, hat keinen Wert.«

Für uns Kinder war es sehr schön, dass unsere Mutter immer da war. Sie war zwar immer beschäftigt, aber wenn wir etwas von ihr brauchten oder wollten, dann hatte sie immer Zeit für uns. Die Gemeinschaft mit dem Herrn war ihr wichtig. Ich denke, dass sie während ihrer Arbeit viel gebetet hat – auch hat sie nie eine Versammlungsstunde ohne Grund versäumt.

Von ihr habe ich Glaube und Vertrauen gelernt.

Gott hat sie nicht zuschanden werden lassen.

Erst seit ich selber Kinder habe, ist mir richtig bewusst geworden, was unsere Mutter geleistet hat. Wir haben bloß vier Kinder – aber ich bin oft mehr in Hektik und Unruhe, als ich das von der Mutter in Erinnerung habe.

Sie hatte keine Waschmaschine, keinen Staubsauger, keine Spülmaschine, keine Pampers und trotzdem waren die Kinder sauber angezogen, wurden die Böden regelmäßig geschrubbt. Sie war selbstlos und hat nie etwas für sich erwartet; sie war dankbar und hat das auch ausgestrahlt – obwohl sie nicht viel hatte. Sie hat es verstanden, auch ein einfaches Essen so zuzubereiten, dass wir uns drauf freuten und glücklich waren.

Unsere Mutter lebte ein Leben der Hingabe an ihren Herrn. Ohne viele Worte vermittelte sie uns wichtige innere Werte. Jedes Kind war wertvoll und angenommen – mit seinen guten und schlechten Seiten. Zu allen Menschen war sie gut und freundlich – mit ihr konnte man nie schlecht über andere reden – auch unsere Unzufriedenheit über Lehrer und Freunde blockte sie immer geschickt ab und erinnerte uns daran, dass Gott jeden liebt.

Meine Mutter ist für mich ein großes Vorbild in ihrer Hingabe, Selbstlosigkeit, in ihrem Glauben und Vertrauen. Ich bin dem Herrn sehr dankbar für diese wunderbare Mutter und bin stolz auf sie.

»16 waren nicht genug«

Bericht von Tochter Esther

Soweit ich mich zurückerinnern kann, hatte ich nie das Gefühl, »nur« 16 Geschwister zu haben, denn wir hatten fast immer noch Besuch im Haus. In Rumänien waren es Deutsche und in Deutschland waren es viele Rumänen und Durchreisende aus aller Welt, die in Deutschland einen Zwischenstopp machten, bevor sie in den Osten weiterreisten.

Für mich war es großartig, so viele verschiedene Menschen kennen zu lernen. Sie kamen nicht nur von den unterschiedlichsten Denominationen, wie Amish, Menonniten, Southern Baptist, Baptisten, geschlossenen und offenen Brüder, sondern hatten auch alle ihre eigene Geschichte und viele wunderbare Erlebnisse mit Gott weiterzugeben. So waren die Abende oft gefüllt mit heißen Diskussionen und einem lebhaften Austausch.

Zurück bleibt die Erinnerung, dass Gott seine Kinder so vielfältig und individuell erreicht und erzieht.

Diese Erfahrung war eine große Bereicherung für mein Glaubensleben, weil ich entdecken durfte, dass die Christenheit nicht bei den Brüdergemeinden aufhört.

Und zugleich hat es in mir auch eine große Reiselust geweckt – ganz im Gegensatz zu meiner Mutter, die immer sagte, dass sie nicht reisen muss, weil sie durch die vielen Besucher eine Menge verschiedener Kulturen und Sprachen kennen gelernt hat.

Bei all dem hatte ich nie den Eindruck, dass es ihr zu viel wurde. Sie sagte oft, ob noch einer mehr oder weniger am Tisch sitze, spiele keine große Rolle. Natürlich mussten wir alle mithelfen und wurden zum Küchendienst herangezogen, doch es hat sogar Spaß gemacht, wenn alle mit angepackt haben.

Außerdem durften wir jederzeit unsere Freunde mitbringen.

Während ich heute meine eigene Familie habe, stelle ich fest, dass es eine große Herausforderung ist und viel Arbeit bedeutet, immer wieder Besuch zu haben.

Doch trotzdem und gerade wegen der wunderbaren und bereichernden Erfahrungen glaube ich, dass man beschenkt wird und immer genug hat, wenn man sein Haus im Namen Gottes öffnet.

Bericht von Maria G.

Wir waren in Rumänien Nachbarn von Familie Krampulz. Wir hatten erst später zum Glauben an den Herrn Jesus gefunden, und ich lebte noch ganz in der Welt. Aber unserem Herrn Jesus war es nicht zu schwer, auch mich in seiner Liebe zu erreichen. Es war im Jahr 1960, als wir eines Abends zu Bett gingen, unser Sohn war 5 Jahre, unsere Tochter 3 Jahre alt. Ich hatte Herzrhythmusstörungen, so dass ich dachte, ich würde sterben. Aber unser Herr Jesus hat mir in seiner großen Liebe Gnade geschenkt, dass auch ich zum lebendigen Glauben gefunden habe. Und so hatten wir ab dann Gemeinschaft mit unseren Geschwistern Krampulz. Durch den Heiligen Geist waren wir nun verbunden und eines Sinnes geworden. Unsere Geschwister Krampulz wurden von unserem Herrn reich mit Kindern gesegnet. Das Leben war für sie nicht immer rosig, da gab es alle Hände voll zu tun. Aber der Herr hat sie in seiner Liebe durchgetragen, ihnen jeden Tag Kraft und besonders seinen Frieden geschenkt. Ihr Haus war zu jeder Zeit offen für alle, die Hilfe brauchten. Riesken, meine Schwester im Glauben, ist ausgebildete Krankenschwester, arbeitete aber wegen der Familie nicht in ihrem Beruf. Trotz ihrer vielen Arbeit war sie zu jeder Zeit bereit zu helfen. Besonders wenn es um Kranke ging, war sie bereit, sogar in der Nacht aufzustehen, um zu helfen. Weil es bei uns im Dorf damals noch nicht viele Autos gab, war auch ihr Mann immer hilfsbereit, wenn man ihn brauchte. So waren sie durch ihr Verhalten ein Zeugnis für die Menschen in unserem Dorf. Durch ihr Leben konnte man erkennen, dass ein anderer Geist in ihnen wirkte. Damals gab es eine Erweckung in unserem Dorf, so dass noch viele Familien zum Glauben kamen – darunter viele junge Ehepaare, die dann auch große Familien wurden. Zuerst haben wir uns bei Geschwistern in ihrem Haus versammelt. Später wurden wir in der Gemeinde dann so viele, dass im Haus kein Platz mehr war. Die Brüder haben dann ein leerstehendes Haus gekauft und es umgebaut. Dort versammelten wir uns, um das Wort Gottes zu betrachten und uns gegenseitig zu erbauen. Es war eine schöne Zeit, die wir erleben durften. Wir kannten uns gegenseitig mit unseren Freuden und Leiden sehr gut, konnten uns austauschen, füreinander beten und einer dem anderen helfen. Nun sind wir schon viele Jahre hier in Deutschland.

Maria G.

Nachwort

Dieses Buch war eine »schwere Geburt«, oder anders ausgedrückt: Der Entschluss, ihre Geschichte zu erzählen, ist Riesken nicht leichtgefallen.

Als Hans, Rieskens ältester Sohn, den Vorschlag machte, ihre Lebenserfahrungen aufschreiben zu lassen, war sie strikt dagegen. Sie wollte nicht im Mittelpunkt stehen, schon gar nicht im Mittelpunkt eines Buches. Öfter hörte ich von ihr: »Wir sollten uns selbst nicht so wichtig nehmen, es geht doch nicht um uns, sondern darum, dass der Herr verherrlicht wird.«

So hat Riesken lange mit der Frage gerungen, ob sie ihre Geschichte erzählen soll oder nicht. Am liebsten wäre es ihr gewesen, wenn die ganze Sache im Sande verlaufen wäre. Als ich mich dann aus gesundheitlichen Gründen mehrere Wochen wegen der Biographie nicht bei ihr meldete, war Riesken erleichtert und hoffte, dass ich es mir anders überlegt hätte und einen Rückzieher machen würde.

In der Woche, als ich Riesken das erste Mal anrief, um Kontakt aufzunehmen, hatte sie in ihrer Andacht folgende Psalmverse gelesen:

»Kommt her, höret zu, alle, die ihr Gott fürchtet;
ich will erzählen, was er an mir getan hat.«
(Psalm 66,16)

»Mein Mund soll verkündigen deine Gerechtigkeit,
täglich deine Wohltaten, die ich nicht zählen kann.«
(Psalm 71,15)

Beim Lesen dieser Verse wurde ihr bewusst, dass sie durch die vielen Erfahrungen mit ihrem Herrn auch eine Verantwortung trägt. Verantwortung, davon zu erzählen, wie er ihren Glauben gestärkt und ihr Vertrauen belohnt hat. Wie er sie immer durch die Stürme und Anfechtungen des Lebens durchgetragen hat.

So fasste Riesken den Entschluss, ihre Geschichte zu erzählen, sollte sich die Autorin doch wieder bei ihr melden.

Nach längerem Zögern habe ich mich gemeldet. Schließlich hatte ich noch nie eine Biographie über einen mir unbekannten Menschen geschrieben. Woher sollte ich wissen, ob ich das überhaupt kann? Aber es hat mir keine Ruhe gelassen und ich hatte außerdem Hans Krampulz schon meine Zusage gegeben (das war, bevor meine Zweifel kamen ...).

So ist dieses Buch entstanden. Ich wünsche den Leserinnen und Lesern, dass sie durch die Gotteserfahrungen, von denen dieses Buch erzählt, ebenso berührt werden wie ich. Möge Rieskens Lebensgeschichte in uns allen den Wunsch wecken, mutiges Vertrauen zu wagen.

Danke Riesken, dass du nicht geschwiegen hast.

Rose Höfflin

Buchempfehlung

Jesus -
Du bist mein Trost
ISBN 978-3-89436-480-9

Jesus -
Du bist meine Zuversicht
ISBN 978-3-89436-481-6

Jesus -
Du bist meine Freude
ISBN 978-3-89436-482-3

Jesus -
Du bist stets bei mir
ISBN 978-3-89436-483-0

Diese Geschenkbände sind eine wunderbare Möglichkeit, Trost, Ermutigung und Auferbauung zu empfangen oder an andere weiterzugeben. Die Texte stammen aus der Feder des erfahrenen Seelsorgers Manfred Paul, ehemaliger Leiter des Missionswerkes Werner Heukelbach.

gebunden, farbig, 48 Seiten
je EUR (D) 5,90 EUR (A) 6,10 SFR 9,90